Bahá'u'lláh

Les Paroles Cachées

OMNIA VERITAS

BAHÁ'U'LLÁH

Les Paroles Cachées

Première publication en 1858.

Omnia Veritas Ltd

OMNIA VERITAS

www.omnia-veritas.com

TABLE DES MATIÈRES

Bahá'u'lláh

À Propos de Bahá'u'lláh :

Bahá'u'lláh a été reconnu par des millions de personnes comme le messager de Dieu pour notre époque. Ses enseignements sont le fondement de la Foi bahá'íe. Né en 1817 dans une famille de notables iraniens il portait le nom de Mírza Husayn 'Alí. Le titre de Bahá'u'lláh, qui lui fut attribué par son prédécesseur, le Báb, signifie « la Gloire de Dieu ». Il fut banni et exilé pendant quarante ans. Il arriva finalement en Terre Sainte où il mourut en 1892.

Bahá'u'lláh

Introduction

« Les Paroles cachées », ce chef-d'oeuvre de poésie mystique, résument, avec une rare concision, les préceptes divins que contiennent toutes les grandes religions du passé. Elles rappellent tout ce que les envoyés de Dieu ont révélé pour le développement spirituel des hommes au cours de ce cycle prophétique maintenant terminé. Elles sont aussi un appel d'amour vibrant, pressant, presque angoissé de la part de celui qui le lança, afin que les hommes se réveillent de leur torpeur et de leur attachement exclusif à la matière avant qu'il ne soit « trop tard ». « Sors de ton sommeil et lève-toi, dit-il, car le soleil est à son zénith. »

L'auteur de ce vibrant appel, Baha'u'llah la Gloire de Dieu composa ce petit recueil en 1858, alors qu'il n'avait pas encore proclamé sa condition de prophète universel de Dieu. Plongé dans ses méditations, il n'en percevait pas moins les misères et les injustices de la société où il vivait, et il sentait que ces souffrances et ces injustices s'étendaient au monde entier, pardelà les frontières de son pays Natal, la Perse. Sans nul doute, devant cette humanité déchirée et déchue, la compassion emplissait son coeur; et en son esprit, lucide et inspiré, s'élaborait la mission de rédempteur dont il se sentait déjà chargé par la Providence.

Baha'u'llah fit connaître sa qualité et sa mission de manifestation de Dieu en 1863. Au cours des vingtneuf années qui suivirent cette proclamation publique, il fonda la foi baha'ie, inaugurant un nouveau cycle du développement de l'homme, cycle qui verra s'accomplir les promesses des prophètes anciens et couronnera leurs oeuvres. Au travers d'une vie douloureuse, semée d'entraves, de persécutions et d'exils successifs, il révéla sa doctrine et laissa à la postérité une oeuvre écrite considérable : une centaine d'ouvrages sur tous les sujets spirituels, philosophiques et sociaux. Il quitta la terre en 1892.

Mais pour secouer cette humanité indifférente, pour l'arracher à son égoïsme et à ses liens matériels, pour qu'elle prenne un nouvel essor dans la voie positive du bien et du bonheur, Baha'u'llah explique ce qu'elle doit faire et ce qu'elle ne doit pas faire; ce sont des avertissements, des conseils, des instructions, des exhortations et admonestations. Ces « Paroles cachées » n'ont pourtant rien d'une sèche leçon de morale. En lisant ces stances, en réfléchissant à chaque mot, une emprise vous saisit bientôt le coeur et l'esprit. C'est comme une voix vivante qui vous chuchote à l'oreille tout l'amour qu'elle vous porte, et qui semble attendre votre réponse…

Ces paroles sont pour l'homme une préparation à l'appel de ce jour de Dieu que Baha'u'llah inaugure. Elles plongent l'âme dans une atmosphère de méditation propice au développement spirituel qui élèvera l'homme à un degré de conscience encore jamais atteint.

On peut lire plusieurs pages de ce livre en une fois. Mais un seul verset suffit pour une longue méditation.

C'est un livre de chevet pour toutes les années de la vie. Chaque fois que l'on découvre un sens à un verset, on fait un pas en avant dans la connaissance des multiples significations des Ecritures saintes.

Le message de Baha'u'llah est donc, avant tout, le message renouvelé de l'amour universel; mais il est aussi le signal d'une reconstruction future du monde que les hommes détruisent par leur haine, leurs violences, leurs guerres, leurs injustices et même leur négligence.

Pour construire avec succès un monde nouveau, il faut que le coeur de l'homme s'apaise, qu'il s'ouvre et laisse entrer en lui l'amour divin qui, seul, s'étend à tout et à tous. « Les Paroles cachée » apportent cet amour; elles apportent aussi la paix, la certitude et la force d'agir.

Parlant dans son livre du fondateur de la foi baha'ie, Shoghi Effendi écrit que Baha'u'llah est reconnu par ses disciples comme « le juge, le législateur et le rédempteur de l'humanité », comme

« l'unificateur » des hommes, le « promoteur d'un cycle universel », le « créateur d'un ordre mondial », etc.

On le comprend, Baha'u'llah ne s'adresse pas seulement à l'individu dans sa vie privée, mais aussi à la collectivité des humains tout entière. Les « actes » bons et saints doivent s'étendre aux entreprises d'utilité mondiale. Dans sa mansuétude, il a donné, en plus de sa doctrine spirituelle, le modèle d'une organisation de la planète permettant d'appliquer les enseignements divins du passé et ceux d'aujourd'hui.

Et Baha'u'llah de conclure :

« Voyons maintenant quels seront les résultats de vos efforts dans le chemin du détachement. »

Lucienne Migette

Partie 1

Révélée en arabe

Bahá'u'lláh

Verset: 1.1

Il est la Gloire des gloires. Voici ce qui est descendu du royaume de gloire, ce qui fut annoncé par la Langue du pouvoir et de la puissance et révélé aux prophètes d'autrefois. Nous en avons extrait l'essence profonde et nous l'avons recouverte du vêtement de la brièveté, comme un signe de grâce envers les justes, afin qu'ils restent fidèles à l'alliance de Dieu, qu'ils puissent, durant leur vie, accomplir la tâche qu'Il leur a confiée et recueillir, au royaume de l'esprit, le joyau de la divine vertu. O fils de l'esprit ! Ceci est mon premier conseil: aie le coeur pur, bienveillant, rayonnant, afin de posséder une souveraineté ancienne, impérissable, éternelle.

Verset: 1.2

O fils de l'esprit ! A mes yeux, ce que j'aime par-dessus tout est la justice; ne t'en écarte pas si c'est moi que tu désires, et ne la néglige pas afin que je puisse me fier à toi. Par elle, tu pourras voir par tes propres yeux et non par ceux des autres, et tu pourras comprendre par ton propre savoir et non par celui du prochain. Pèse bien ceci : comment dois-tu être ? En vérité, la justice est le don que je te fais, le signe de ma tendre bonté. Fixe donc ton regard sur elle.

Verset: 1.3

O fils de l'homme ! Caché en mon être éternel et dans l'antique éternité de mon essence, je savais mon amour pour toi, aussi t'ai-je créé. J'ai gravé en toi mon image et je t'ai révélé ma beauté.

Verset: 1.4

O fils de l'homme ! J'ai aimé ta création, c'est pourquoi je t'ai créé. Aime-moi donc afin que je puisse mentionner ton nom et que, de l'esprit de vie, je remplisse ton âme.

Verset: 1.5

O fils de l'existence ! Aime-moi pour que je puisse t'aimer. Si tu ne m'aimes pas, par aucun moyen mon amour ne pourra t'atteindre. Sache-le, ô serviteur.

Verset: 1.6

O fils de l'existence ! Ton paradis, c'est mon amour; ta demeure céleste, c'est d'être à nouveau uni à moi. Rejoins-la sans tarder. Tel est ce qui a été décrété pour toi dans notre royaume céleste et notre souveraineté suprême.

Verset: 1.7

O fils de l'homme ! Si tu m'aimes, détourne-toi de toi-même; et si tu cherches mon bon plaisir, ne pense pas au tien, afin que tu puisses mourir en moi et que je puisse vivre en toi, éternellement.

Verset: 1.8

O fils de l'esprit ! Il n'y a de paix pour toi que si tu renonces à toi-même et que tu te tournes vers moi; car il convient que tu te glorifies par mon nom et non par le tien, que tu places ta confiance en moi et non en toi, puisque je désire être aimé seul et par-dessus tout.

Verset: 1.9

O fils de l'existence ! Mon amour est ma forteresse; quiconque y pénètre est à l'abri et en sécurité, et quiconque s'en détourne s'égarera et périra sans nul doute.

Verset: 1.10

O fils de la parole ! Tu es ma forteresse; pénètres-y pour y vivre en sécurité. Mon amour est en toi, sache-le pour pouvoir me trouver près de toi.

Verset: 1.11

O fils de l'existence ! Tu es ma lampe et ma lumière est en toi. Puise en elle ton éclat et ne cherche nul autre que moi. Car je t'ai créé riche, et sur toi, généreusement, j'ai répandu ma grâce.

Verset: 1.12

O fils de l'existence ! Par les mains du pouvoir je t'ai formé et par les doigts de puissance je t'ai créé, et en toi j'ai placé l'essence de ma lumière. Sache t'en contenter et ne cherche rien d'autre, car mon oeuvre est parfaite et mon commandement t'y engage. Ne le mets ni en question ni en doute.

Verset: 1.13

O fils de l'esprit ! Je t'ai créé riche, pourquoi t'abaisses-tu à la pauvreté ? Je t'ai fait noble, comment peux-tu t'avilir ? De l'essence du savoir je t'ai conféré la vie, pourquoi cherches-tu la lumière auprès d'un autre ? De l'argile de l'amour je t'ai façonné, comment peux-tu t'occuper d'un autre que moi ? Tourne ton regard vers toi, afin que tu puisses me trouver présent en toi, fort, puissant, subsistant par moi-même.

Verset: 1.14

O fils de l'homme ! Tu es mon bien, et mon bien ne périt pas; pourquoi donc crains-tu de périr ? Tu es ma lumière, et ma lumière ne s'éteindra jamais; pourquoi crains-tu l'extinction ? Tu es ma gloire, et ma gloire ne se ternit pas; tu es ma robe, et ma robe jamais ne s'usera. Reste donc ferme en ton amour pour moi, afin que tu puisses me trouver au royaume de gloire.

Verset: 1.15

O fils de la parole ! Tourne ton visage vers le mien et renonce à tout sauf à moi, car ma souveraineté demeure et mon empire ne périt pas. Si tu cherchais un autre que moi, que dis-je, si tu fouillais éternellement dans l'univers, ta quête serait vaine.

Verset: 1.16

O fils de lumière! Oublie tout sauf moi et communie avec mon esprit. Ceci émane de l'essence de mon commandement, suis-le donc.

Verset: 1.17

O fils de l'homme ! Sache te contenter de moi et ne cherche nul autre pour te secourir, car jamais personne en dehors de moi ne te suffira.

Verset: 1.18

O fils de l'esprit ! Ne me demande pas ce que Nous ne désirons pas pour toi; sois alors satisfait de ce que Nous avons prescrit pour ton bien, car c'est là ce qui t'est profitable, si tu sais t'en contenter.

Verset: 1.19

O fils de la vision merveilleuse ! J'ai insufflé en toi une parcelle de mon propre esprit afin que tu puisses être mon amant. Pourquoi m'as-tu délaissé et as-tu cherché un autre bien-aimé que moi ?

Verset: 1.20

O fils de l'esprit ! Mon droit sur toi est grand et ne peut être oublié. Ma grâce envers toi est munificente, elle ne peut être voilée. Mon amour a fait de toi son foyer, il ne peut être dissimulé. Ma lumière est manifeste pour toi, elle ne peut être obscurcie.

Verset: 1.21

O fils de l'homme ! A l'arbre de gloire resplendissante, j'ai accroché pour toi les fruits du meilleur choix; pourquoi t'en es-tu détourné pour te contenter de moins bons ? Reviens donc vers ce qui est préférable pour toi dans le royaume céleste.

Verset: 1.22

O fils de l'esprit ! Je t'ai créé noble, pourtant tu t'es abaissé. Élève-toi donc à la condition pour laquelle tu fus créé.

Verset: 1.23

O fils de l'Etre suprême ! Je t'appelle à l'éternité et, cependant, tu recherches ce qui périt. D'où vient que tu te sois détourné de Notre désir pour satisfaire le tien ?

Verset: 1.24

O fils de l'homme ! N'outrepasse pas tes limites et ne réclame pas ce qui ne te convient pas. Prosterne-toi devant le visage de ton Dieu, le Seigneur de la puissance et du pouvoir.

Verset: 1.25

O fils de l'esprit ! Ne te vante pas devant le pauvre, car je le guide en son chemin; et je te vois dans ta fâcheuse condition et je te confonds à jamais.

Verset: 1.26

O fils de l'existence ! Comment peux-tu oublier tes propres défauts et t'occuper de ceux d'autrui ? Celui qui agit ainsi, je le maudis.

Verset: 1.27

O fils de l'homme ! Ne souffle mot des péchés des autres tant que tu es toi-même un pécheur. Si tu transgresses ce commandement, tu seras maudit, et de ceci je porte témoignage.

Verset: 1.28

O fils de l'esprit ! Sache, en vérité, que celui qui commande aux hommes d'être justes et commet lui-même des iniquités n'est pas de moi, même s'il porte mon nom.

Verset: 1.29

O fils de l'existence ! N'impute à aucune âme ce que tu ne voudrais pas qu'on t'attribue et ne parle pas de ce que tu ne fais pas. Tel est mon commandement pour toi, observe-le.

Verset: 1.30

O fils de l'homme ! Ne refuse pas à mon serviteur ce qu'il pourrait te demander, car son visage est mon visage; alors, ne sois pas présomptueux devant moi.

Verset: 1.31

O fils de l'existence ! Fais ton examen de conscience chaque jour avant d'être appelé, car la mort fondra sur toi sans prévenir et tu seras invité à rendre compte de tes actes.

Verset: 1.32

O fils de l'Etre suprême ! De la mort j'ai fait pour toi une messagère de joie. Alors pourquoi t'affliges-tu ? J'ai fait la lumière pour qu'elle t'illumine de sa splendeur. Pourquoi te voiles-tu devant elle ?

Verset: 1.33

O fils de l'esprit ! Par les joyeuses nouvelles de la révélation, je te salue; réjouis-toi ! A la cour de sainteté je t'appelle; demeure en cette cour, afin de pouvoir y vivre dans la paix pour toujours.

Verset: 1.34

O fils de l'esprit ! L'esprit de sainteté t'apporte les joyeuses nouvelles de la réunion; pourquoi donc t'attristes-tu ? L'esprit du pouvoir te confirme en sa cause; pourquoi te dérobes-tu ? La lumière de son visage te guide; comment peux-tu t'égarer ?

Verset: 1.35

O fils de l'homme ! Ne t'attriste que si tu es loin de Nous. Ne te réjouis que si tu t'approches et reviens vers Nous.

Verset: 1.36

O fils de l'homme ! Réjouis-toi dans le ravissement de ton coeur, afin que tu puisses être digne de me rencontrer et de refléter ma beauté.

Verset: 1.37

O fils de l'homme ! Ne te dépouille pas de ma robe splendide et ne te prive pas de ta part à ma fontaine merveilleuse, de crainte de rester assoiffé pour l'éternité.

Verset: 1.38

O fils de l'existence ! Suis mes lois pour l'amour de moi, et renonce à ce que tu désires si tu cherches mon plaisir.

Verset: 1.39

O fils de l'homme ! Ne néglige pas mes commandements si tu es épris de ma beauté, et n'oublie pas mes conseils si c'est mon bon plaisir que tu veux atteindre.

Verset: 1.40

O fils de l'homme ! Si tu te précipitais à travers l'infini de l'espace et parcourais l'immensité des cieux, tu ne trouverais de repos qu'en te soumettant à Notre commandement et en étant humble devant Nous.

Verset: 1.41

O fils de l'homme ! Glorifie ma cause, afin que je puisse te révéler les mystères de ma grandeur et t'éclairer de la lumière d'éternité.

Verset: 1.42

O fils de l'homme ! Sois humble devant moi, afin que je puisse venir vers toi avec bienveillance. Lève-toi pour le triomphe de ma cause, afin de pouvoir remporter la victoire tant que tu es encore sur terre.

Verset: 1.43

O fils de l'existence ! Mentionne-moi sur ma terre afin que, dans mon ciel, je puisse me souvenir de toi; ainsi seront réjouis mes yeux et les tiens.

Verset: 1.44

O fils du trône ! Ton oreille est mon oreille; par elle, écoute. Ton oeil est mon oeil; c'est par lui que tu dois voir afin d'attester, du tréfonds de ton âme, de ma sainteté sublime, pour que, du fond de moi-même, je puisse témoigner d'un rang élevé pour toi.

Verset: 1.45

O fils de l'existence ! Cherche à mourir en martyr dans mon chemin, content de mon plaisir et reconnaissant de ce que je décrète, afin que tu puisses reposer avec moi sous le dais de majesté, derrière le tabernacle de gloire.

Verset: 1.46

O fils de l'homme ! Réfléchis et médite. Désires-tu mourir sur ta couche ou verser ton sang dans la poussière, martyr en mon chemin, et devenir ainsi la manifestation de mon commandement et le révélateur de ma lumière au très haut paradis ? Juges-en équitablement, ô serviteur.

Verset: 1.47

O fils de l'homme ! Par ma beauté ! Te teindre les cheveux de ton sang est à mes yeux, une chose supérieure à la création de l'univers et à la lumière des deux mondes. Efforce-toi d'y parvenir, ô serviteur.

Verset: 1.48

O fils de l'homme ! Pour toute chose, il existe un signe. Le signe de l'amour est la force d'âme face à mes décrets et la patience dans mes épreuves.

Verset: 1.49

O fils de l'homme ! L'amoureux sincère souhaite ardemment les tribulations, comme le révolté cherche le pardon et le pécheur la miséricorde.

Verset: 1.50

O fils de l'homme ! Si l'adversité ne t'atteint pas sur mon chemin, comment pourras-tu suivre la voie de ceux qui sont contents de mon plaisir ? Si, en ton aspiration à me rencontrer, les épreuves ne t'affligent pas, comment parviendras-tu à la lumière dans ton amour pour ma beauté ?

Verset: 1.51

O fils de l'homme ! Une calamité venant de moi, c'est ma providence; en apparence, c'est feu et vengeance, mais en réalité, c'est lumière et miséricorde. Empresse-toi d'aller vers elle pour pouvoir devenir une lumière éternelle et un esprit immortel. Ceci est mon commandement, sache l'observer.

Verset: 1.52

O fils de l'homme ! Lorsque survient la prospérité, ne te réjouis pas; et si l'humiliation t'atteint, ne t'afflige pas, car toutes deux passeront et disparaîtront.

Verset: 1.53

O fils de l'existence ! Si la pauvreté te frappe, ne t'attriste pas, puisqu'en temps voulu, le Seigneur de la richesse viendra à toi. Ne crains pas l'humiliation, car un jour, la gloire se fixera sur toi.

Verset: 1.54

O fils de l'existence ! Si ton coeur s'attache à cet empire éternel et impérissable, à cette vie antique et éternelle, renonce à cette souveraineté éphémère et mortelle.

Verset: 1.55

O fils de l'existence ! Ne t'occupe pas de ce monde car, par le feu, Nous éprouvons l'or et, par l'or, Nous éprouvons nos serviteurs.

Verset: 1.56

O fils de l'homme ! Toi, tu désires l'or, et moi je désire que tu t'en libères. Tu te crois riche en le possédant, et moi je sais que ta richesse est de t'en détacher. Par ma vie ! Tel est mon savoir et telle est ton imagination. Comment concilier mon point de vue avec le tien ?

Verset: 1.57

O fils de l'homme ! Donne mes richesses à mes pauvres afin que tu puisses accéder, dans le ciel, aux réserves de splendeur immuable et aux trésors de gloire impérissable. Mais, par ma vie ! Offrir ton âme est chose plus glorieuse, si seulement tu pouvais voir par mes yeux.

Verset: 1.58

O fils de l'homme ! Le temple de l'existence est mon trône; purifie-le de toute chose pour que je puisse m'y installer à demeure.

Verset: 1.59

O fils de l'existence ! Ton coeur est ma demeure; sanctifie-le pour que j'y descende. Ton esprit est mon lieu de révélation; purifie-le pour que je m'y manifeste.

Verset: 1.60

O fils de l'homme ! Pose ta main sur mon coeur pour que je puisse m'élever au-dessus de toi, radieux et resplendissant.

Verset: 1.61

O fils de l'homme ! Elève-toi jusqu'à mon ciel pour y trouver la joie de la réunion et boire à longs traits le vin incomparable du calice de gloire impérissable.

Verset: 1.62

O fils de l'homme ! Bien des jours ont passé sur toi pendant lesquels tu t'es absorbé dans tes chimères et tes vaines imaginations. Combien de temps resteras-tu assoupi sur ton lit ? Sors de ton sommeil et lève-toi, car le soleil est à son zénith et peut-être t'éclairera-t-il de la lumière de beauté.

Verset: 1.63

O fils de l'homme ! De l'horizon de la montagne sacrée, la lumière a brillé sur toi et, sur le Sinaï de ton coeur, l'esprit de lumière a soufflé. Libère-toi donc des voiles des vaines imaginations et entre dans ma cour pour que tu puisses être prêt pour la vie éternelle et digne de me rencontrer. Alors ne pourront t'atteindre ni la mort, ni le fatigue, ni le tourment.

Verset: 1.64

O fils de l'homme ! Mon éternité est ma création, je l'ai créée pour toi; fais d'elle une tunique pour ton temple. Mon unité est mon oeuvre, je l'ai façonnée pour toi; prends-le pour vêtement afin que tu sois, à jamais, l'expression de mon Etre éternel.

Verset: 1.65

O fils de l'homme ! Ma majesté est le don que je te fais, et ma grandeur est le gage de ma miséricorde envers toi. Quant à ce qui me convient, personne ne le comprendra et nul ne peut l'exprimer. En vérité, je l'ai gardé dans mes réserves secrètes et dans les trésors de mon commandement, en signe de ma tendre bonté pour mes serviteurs et de ma miséricorde envers mon peuple.

Verset: 1.66

O enfants de la divine et invisible Essence ! Vous serez empêchés de m'aimer et les âmes seront troublées lorsqu'elles me mentionneront; car l'intelligence ne peut me comprendre ni le coeur me contenir.

Verset: 1.67

O fils de beauté ! Par mon esprit et par ma faveur ! Par ma miséricorde et ma beauté ! Tout ce que je t'ai révélé par la langue du pouvoir, et tout ce que j'ai écrit pour toi avec la plume de la puissance correspond à ta compréhension et à tes capacités, et non à ma condition ni à la mélodie de ma voix.

Verset: 1.68

O enfants des hommes ! Ne savez-vous pas pourquoi Nous vous avons tous créés de la même Poussière ? C'est Pour que nul ne s'élève au-dessus des autres. Méditez sans cesse sur la manière dont vous fûtes créés. Puisque Nous vous avons tous faits d'une même substance, il vous incombe d'être comme une seule âme, allant d'un même pas, mangeant d'une même bouche et habitant la même terre afin que, du tréfonds de vous-mêmes, par vos actes et par vos oeuvres, les signes de l'unité et l'essence du détachement puissent se manifester. Tel est le conseil que je vous donne, ô assemblée de lumière. Suivez-le attentivement, afin de récolter le fruit de sainteté sur l'arbre de gloire merveilleuse.

Verset: 1.69

O vous, enfants de l'esprit ! Vous êtes mes trésors, car en vous j'ai enfoui les perles de mes mystères et les joyaux de mon savoir. Protégez-les des étrangers mêlés à mes serviteurs et des impies parmi mon peuple.

Verset: 1.70

O fils de celui qui se dressa par sa propre entité, en son propre royaume ! Sache que, sur toi, j'ai soufflé tous les parfums de sainteté, que je t'ai pleinement révélé ma parole, que par toi, j'ai rendu parfaite ma bonté et désiré pour toi ce que j'ai désiré pour moi-même. Aussi, sois content de mon plaisir et reconnaissant envers moi.

Verset: 1.71

O fils de l'homme ! Sur la tablette de ton esprit, avec l'encre de lumière, écris tout ce que Nous t'avons révélé. Si tu ne le peux, fabrique ton encre avec l'essence de ton coeur. Si tu n'y parviens pas, écris alors avec cette encre rouge qui fut répandue dans mon chemin. Celle-ci m'est plus douce que toute autre; que sa lumière persiste à jamais.

Bahá'u'lláh

Partie 2

Révélée en Persan

Verset: 2.1

Au nom du Seigneur de la Parole, le Puissant. O vous qui possédez une intelligence pour comprendre et des oreilles pour entendre ! Voici le premier appel du Bien-Aimé : O rossignol mystique ! N'aie d'autre demeure que le jardin de roses de l'esprit. O messager du Salomon d'amour ! Ne cherche d'autre refuge que la Saba du Bien-Aimé; et toi, ô phénix immortel, n'aie pour domicile que le mont de la fidélité. Là est ta demeure si, avec les ailes de ton âme, tu prends ton essor vers le royaume de l'infini et si tu t'efforces d'atteindre ton but.

Verset: 2.2

O fils de l'esprit ! L'oiseau cherche son nid, le rossignol, la beauté de la rose; alors que ces oiseaux, les coeurs des hommes, satisfaits de la poussière éphémère, se sont égarés loin de leur nid éternel et, les yeux tournés vers le marécage de la négligence, restent privés de la gloire de la présence divine. Hélas ! Quelle chose étrange et pitoyable ! Pour une simple coupe, ils se sont détournés des longues houles du Très-Haut et se tiennent loin du plus resplendissant des horizons.

Verset: 2.3

O ami ! Dans le jardin de ton coeur, ne plante que la rose d'amour; et du rossignol de l'affection et du désir, ne desserre pas ton étreinte. Chéris la compagnie des justes et abstiens-toi de toute relation avec les impies.

Verset: 2.4

O fils de la justice ! Où peut aller l'amant sinon au pays de sa bien-aimée ? Et quel chercheur trouverait le repos loin de l'objet de son désir ? Pour l'amoureux sincère, la réunion est la vie, et la séparation est la mort. Il est à bout de patience et son coeur n'a point de paix. Il renoncerait à des myriades de vies pour se hâter vers la demeure de sa bien-aimée.

Verset: 2.5

O fils de poussière ! En vérité, je te le dis : De tous les hommes, le plus négligent est celui qui discute vainement et qui cherche à s'élever au-dessus de son frère. Dis : O frères, que les actes soient votre parure et non les mots.

Verset: 2.6

O fils de la terre ! Sache en vérité que le coeur où subsiste encore la moindre trace d'envie n'atteindra jamais mon empire éternel et ne respirera jamais les doux parfums de sainteté émanant de mon royaume sacré.

Verset: 2.7

O fils de l'amour ! Un seul pas te sépare des hauteurs glorieuses et de l'arbre céleste de l'amour. Fais un premier pas puis, avec le second, avance vers le royaume immortel et pénètre dans le pavillon d'éternité. Alors prête l'oreille à ce que la Plume de gloire a révélé.

Verset: 2.8

O fils de la gloire ! Fais diligence dans la voie de la sainteté et entre au ciel de la communion avec moi. Purifie ton coeur par le polissage de ton esprit et empresse-toi vers la cour du Très-Haut.

Verset: 2.9

O ombre fugitive ! Dépasse les stades inférieurs du doute et monte vers les sommets exaltés de la certitude. Ouvre l'oeil de vérité afin de pouvoir contempler la beauté sans voile et de t'exclamer : Béni soit le Seigneur, le plus excellent des créateurs.

Verset: 2.10

O fils de désir ! Ecoute bien ceci : Jamais l'oeil mortel ne reconnaîtra la beauté éternelle, et le coeur sans vie ne se délectera jamais que de la fleur fanée, car chacun cherche son semblable et prend plaisir à la compagnie des gens de son espèce.

Verset: 2.11

O fils de poussière ! Rends-toi aveugle, afin que tu puisses contempler ma beauté; bouche-toi les oreilles, afin que tu puisses entendre la douce mélodie de ma voix; vide-toi de toute science pour que tu puisses partager mon savoir, et purifie-toi des richesses, afin que tu puisses obtenir une part durable de l'océan de ma richesse éternelle. C'est-à-dire : Sois aveugle à tout sauf à ma beauté; sois sourd à tout sauf à ma parole; vide-toi de toute science sauf de la connaissance de moi, afin qu'avec une vue claire, un coeur pur et une oreille attentive, tu puisses entrer à la cour de ma sainteté.

Verset: 2.12

O homme doué de deux visions ! Ferme un oeil et ouvre l'autre. Ferme le premier au monde et à tout ce qu'il renferme, et ouvre l'autre à la sainte beauté du Bien-Aimé.

Verset: 2.13

O mes enfants ! Je crains que, privés de la mélodie de la colombe céleste, vous ne sombriez dans les ténèbres de l'égarement le plus profond et que, sans avoir jamais contemplé la beauté de la rose, vous ne retourniez à l'eau et à l'argile.

Verset: 2.14

O amis ! N'abandonnez pas la beauté éternelle pour une beauté destinée à mourir, et ne mettez pas vos affections en ce monde mortel de poussière.

Verset: 2.15

O fils de l'esprit ! Le temps viendra où le rossignol de sainteté ne dévoilera plus l'essence des mystères et où vous serez tous privés de la mélodie céleste et de la voix d'en haut.

Verset: 2.16

O essence de négligence ! Des myriades de voix mystiques trouvent leur expression dans une seule parole, et des myriades de mystères cachés sont révélés dans une seule mélodie. Mais hélas, il n'y a pas d'oreille pour entendre ni de coeur pour comprendre.

Verset: 2.17

O camarades ! Les portes qui donnent sur l'infini sont grandes ouvertes, et la demeure de l'Aimé est ornée du sang des amants; cependant tous, sauf un petit nombre, sont privés de cette cité céleste, et même parmi ce petit nombre, seule une infime poignée, ayant un coeur pur et un esprit sanctifié, a été trouvée.

Verset: 2.18

O vous qui demeurez au paradis suprême ! Proclamez aux enfants de la certitude que, dans les royaumes de sainteté, près du paradis céleste, un nouveau jardin est apparu, autour duquel circulent les hôtes du royaume d'en haut et les habitants immortels du paradis exalté. Efforcez-vous dès lors d'accéder à ce rang, afin de découvrir en ses anémones les mystères de l'amour et d'apprendre, à travers ses fruits éternels, le secret de la divine et parfaite sagesse. Apaisés sont les yeux de ceux qui entrent et demeurent en ces royaumes.

Verset: 2.19

O mes amis ! Avez-vous oublié ce véritable et resplendissant matin où, en ces lieux sanctifiés et bénis vous étiez tous réunis en ma présence, à l'ombre de l'arbre de vie planté dans le très glorieux paradis ? Frappés d'une terreur mystérieuse, vous écoutiez, tandis que j'énonçais ces trois mots les plus saints : O amis ! Ne préférez pas votre volonté à la mienne, ne désirez jamais ce que je n'ai pas désiré pour vous, et ne m'approchez pas avec un coeur privé de vie, souillé d'appétits et de désirs terrestres. Si seulement vous pouviez sanctifier vos âmes, vous vous souviendriez à l'heure présente de ce lieu et de ses alentours, et la vérité de mes paroles deviendrait évidente à chacun de vous.

Verset: 2.20

O vous qui reposez comme des morts sur la couche de négligence ! Des siècles ont passé et vos précieuses vies approchent de leur fin; cependant, pas un seul souffle de pureté venant de vous n'a atteint notre cour de sainteté. Bien que vous soyez plongés dans l'océan de l'incrédulité, vos lèvres professent pourtant la seule vraie foi de Dieu. Celui que j'abhorre, vous l'avez aimé et, de mon ennemi, vous avez fait un ami. Malgré cela, satisfaits de vous, vous continuez à fouler ma terre avec complaisance, sans vous apercevoir qu'elle est lasse de vous et que tout ce qu'elle renferme se dérobe à vous. En vérité, si seulement vous ouvriez les yeux, vous préféreriez une multitude de peines à cette joie, et plutôt la mort à cette vie.

Verset: 2.21

O forme mouvante de poussière ! Je désire communier avec toi, mais tu me refuses ta confiance. L'épée de ta rébellion a abattu l'arbre de ton espérance. Je suis en tout temps près de toi, mais tu es toujours loin de moi. Je t'ai réservé la gloire impérissable, mais tu as choisi pour toi-même un abaissement sans limites. Alors qu'il en est temps encore, reviens et ne laisse pas passer ta chance.

Verset: 2.22

O fils de désir ! Pendant de longues années, le savant et le sage se sont efforcés, mais en vain, d'atteindre à la présence du Très-Glorieux; ils ont passé leur vie à le chercher, mais ils n'ont pas pu contempler la beauté de son visage. Toi, sans le moindre effort, tu as atteint ton but et, sans chercher, tu es parvenu à l'objet de ta quête. Malgré cela, tu es resté tellement enveloppé dans les voiles de ton égoïsme que tes yeux n'ont pas vu la beauté du Bien-Aimé et que ta main n'a pas touché le pan de sa robe. Vous qui possédez des yeux, regardez et soyez étonnés.

Verset: 2.23

O habitants de la cité d'amour ! Des tourbillons mortels ont environné le flambeau éternel et la beauté de l'Adolescent céleste est voilée par l'opacité de la poussière. Le primat des monarques d'amour est opprimé par le peuple de la tyrannie, et la colombe de sainteté gît prisonnière dans les serres des hiboux. Les habitants du pavillon de gloire et l'assemblée céleste gémissent et se lamentent pendant que vous vous reposez au royaume de négligence et que vous vous considérez comme des amis véritables. Que vaines sont vos imaginations.

Verset: 2.24

O vous qui êtes sots et qui cependant passez pour sages ! Pourquoi prenez-vous l'apparence de bergers, alors qu'en vous-mêmes vous êtes devenus des loups acharnés contre mon troupeau ? Vous êtes même comme l'étoile qui se lève avant l'aube et qui, bien qu'elle paraisse lumineuse et radieuse, égare les voyageurs de ma cité et les conduit sur les chemins de perdition.

Verset: 2.25

O vous qui êtes beaux en apparence mais intérieurement corrompus ! Vous êtes comme de l'eau claire mais amère, apparemment pure comme du cristal, mais dont pas une goutte ne serait acceptée après le test du divin Examinateur. En vérité, le rayon de soleil éclaire identiquement la poussière et le miroir; mais leurs images réfléchies sont aussi différentes que l'étoile l'est de la terre; que dis-je ! cette différence est incommensurable.

Verset: 2.26

O mon ami en parole ! Réfléchis un instant. As-tu jamais entendu parler d'un coeur qui pouvait abriter l'ami et l'ennemi ? Chasse donc l'étranger pour que l'ami puisse entrer chez lui.

Verset: 2.27

O fils de poussière ! Tout ce qui est au ciel et sur la terre, je te l'ai destiné, excepté le coeur humain dont j'ai fait le siège de ma beauté et de ma gloire. Cependant, tu as donné mon foyer et ma demeure à un autre que moi. Et chaque fois que la manifestation de ma sainteté a cherché sa propre maison, elle y a trouvé un étranger; alors, privée de foyer, elle s'est hâtée vers le sanctuaire du Bien-Aimé. Malgré tout, j'ai caché ton secret et n'ai pas voulu ta honte.

Verset: 2.28

O essence de désir ! Bien des fois à l'aurore, depuis les royaumes de l'infini, je suis venu vers ta demeure et t'ai trouvé sur le lit de repos, occupé avec d'autres que moi. Aussi, tel l'éclair de l'esprit, je m'en suis retourné aux royaumes de gloire céleste et, dans mes retraites d'en haut, je n'en n'ai soufflé mot aux armées de sainteté.

Verset: 2.29

O fils de bonté ! Des déserts du néant, avec l'argile de mon commandement, je t'ai fait apparaître et j'ai ordonné que chaque atome existant et l'essence de toutes choses créées servent à ton éducation. Ainsi, avant que tu ne sortes du sein de ta mère, je t'ai réservé deux sources de lait miroitantes, des yeux pour veiller sur toi et des coeurs pour t'aimer. Par ma tendre bonté, à l'ombre de ma miséricorde, je t'ai élevé; et par l'essence de ma grâce et de ma bonté, je t'ai protégé. En tout ceci, mon but était que tu puisses parvenir à mon empire éternel et que tu deviennes digne de mes dons invisibles. Et cependant, tu es resté insouciant et, devenu adulte, tu as négligé tous mes bienfaits, te livrant à tes vaines imaginations au point de devenir complètement oublieux et, te détournant du portail de l'Ami, d'aller habiter dans les cours de mon ennemi.

Verset: 2.30

O esclave du monde ! Que de fois, à l'aurore, la brise de mon affectueuse bonté est passée sur toi et t'a trouvé profondément endormi sur la couche de ton insouciance. Alors, pleurant sur ta condition, elle est repartie d'où elle était venue.

Verset: 2.31

O fils de la terre ! Si tu me veux, ne cherche que moi; et si tu veux contempler ma beauté, ferme les yeux au monde et à tout ce qu'il renferme; car ma volonté et la volonté d'un autre que moi ne peuvent, de même que le feu et l'eau, cohabiter dans un même coeur.

Verset: 2.32

O étranger traité en ami ! La flamme de ton coeur est allumée par la main de mon pouvoir, ne l'éteins pas aux vents contraires de l'égoïsme et de la passion. Te souvenir de moi, c'est guérir de tous tes maux, ne l'oublie pas. Fais de mon amour ton trésor et chéris-le autant que tes propres yeux et que ta vie même.

Verset: 2.33

O mon frère ! Ecoute les paroles enchanteresses qui s'écoulent de ma langue douce comme le miel, et bois à longs traits au flot de sainteté mystique jaillissant de mes lèvres qui dispensent le nectar. Sème les graines de ma divine sagesse dans la terre pure de ton coeur et arrose-les avec l'eau de la certitude, afin que les jacinthes de mon savoir et de ma sagesse puissent croître, verdoyantes et fraîches, dans la cité sainte de ton coeur.

Verset: 2.34

O habitants de mon paradis ! De mes mains bienfaisantes j'ai planté, dans le jardin sacré du paradis, l'arbrisseau de votre amour et de votre amitié, et je l'ai arrosé par les ondées abondantes de ma tendre grâce. Maintenant qu'est venu le temps de la fructification, efforcez-vous de le protéger, afin qu'il ne soit pas dévoré par le feu des désirs et des passions.

Verset: 2.35

O mes amis ! Eteignez la lampe de l'erreur et allumez en vos coeurs le flambeau éternel de la divine direction. Car bientôt, en la sainte présence de l'Adoré, les examinateurs de l'humanité n'accepteront rien que la pure vertu et les actes d'une sainteté immaculée.

Verset: 2.36

O fils de poussière ! Les sages sont ceux qui ne parlent que lorsqu'on les écoute, de même que l'échanson ne tend sa coupe qu'à celui qui la cherche, et que l'amoureux ne crie son amour du fond du coeur que s'il contemple la beauté de sa bien-aimée. Semez donc les graines de la sagesse et du savoir dans la terre pure du coeur, et gardez-les cachées jusqu'à ce que les jacinthes de la sagesse divine jaillissent du coeur, et non de la fange et de l'argile.

Verset: 2.37

O mon serviteur ! N'abandonne pas l'empire éternel pour ce qui est périssable, et ne rejette pas la souveraineté céleste pour un désir terrestre. Ceci est le fleuve de vie éternelle qui a coulé de la source de la plume du Miséricordieux. Heureux ceux qui s'y abreuvent.

Verset: 2.38

O fils de l'esprit ! Brise ta cage et, comme le phénix d'amour, envole-toi vers le firmament de sainteté. Renonce à ton moi et, empli de l'esprit de miséricorde, demeure au royaume de la sainteté céleste.

Verset: 2.39

O rejeton de poussière ! Ne te contente pas du bien-être d'une journée fugitive et ne te prive pas du repos éternel. N'échange pas le jardin d'éternelles délices contre l'amas de poussière d'un monde mortel. De ta prison, élève-toi vers les glorieuses prairies célestes, et de ta cage mortelle, prends ton envol vers le paradis de l'infini.

Verset: 2.40

O mon serviteur ! Libère-toi des chaînes de ce monde et délivre ton âme de la prison de ton ego. Saisis ta chance, car jamais plus elle ne se présentera à toi.

Verset: 2.41

O fils de ma servante ! Si tu pouvais percevoir la souveraineté immortelle, tu t'efforcerais de quitter ce monde éphémère. Mais te cacher l'un et te révéler l'autre est un mystère que, seul, un coeur pur peut comprendre.

Verset: 2.42

O mon serviteur ! Purifie ton coeur de toute malice et, dépourvu d'envie, pénètre à la cour divine de sainteté.

Verset: 2.43

O mes amis ! Parcourez les chemins du bon plaisir de l'Ami et sachez que son plaisir est en celui de ses créatures. Cela veut dire que nul ne devrait pénétrer dans la maison de son ami sans son agrément ni mettre la main sur ses biens, ni préférer sa propre volonté à celle de son ami ni, en aucune façon, chercher à tirer profit de lui. Réfléchissez à ceci, ô vous qui êtes dotés de clairvoyance.

Verset: 2.44

O compagnon de mon trône ! N'écoute pas le mal et ne vois pas le mal; ne t'abaisse pas et ne laisse échapper ni soupirs ni pleurs. Ne dis pas de mal afin de ne pas en entendre dire, et ne grossis pas les fautes des autres pour que les tiennes paraissent moins grandes; ne souhaite l'humiliation de personne, afin que la tienne ne soit pas dévoilée. Passe donc les jours de ta vie, qui sont plus courts qu'un moment fugitif, en gardant ton esprit sans tache, ton coeur immaculé, tes pensées pures et ta nature sanctifiée, afin que, libre et satisfait, tu puisses quitter cette forme mortelle pour te rendre au paradis mystique et habiter à jamais au royaume éternel.

Verset: 2.45

Hélas, hélas ! O passionnés des désirs terrestres ! A la vitesse de l'éclair, vous êtes passés à côté du Bien-Aimé et vous vous êtes attachés à des fantaisies sataniques. Vous pliez le genou devant vos futiles imaginations et vous les appelez vérités. Vous tournez les yeux vers l'épine et vous lui donnez le nom de fleur. Pas un souffle de pureté n'est sorti de vous, et nulle brise de détachement n'est venue des prairies de votre coeur. Vous avez jeté au vent les conseils affectueux du Bien-Aimé et vous les avez complètement effacés de la tablette de votre coeur; et, comme les bêtes sauvages, vous circulez et vous passez votre existence dans les pâturages du désir et de la passion.

Verset: 2.46

O frères de route ! Pourquoi avez-vous négligé la mention de l'Aimé et pourquoi êtes vous restés éloignés de sa sainte présence ? L'essence de beauté est dans le pavillon incomparable, assise sur le trône de gloire, tandis que vous vous livrez à de vaines disputes. Les doux parfums de sainteté s'exhalent et la brise de générosité souffle, cependant vous vous en êtes privés et vous êtes tous dans une douloureuse affliction. Hélas pour vous et pour ceux qui suivent votre exemple et marchent sur vos traces.

Verset: 2.47

O enfants du désir ! Otez le vêtement de la vaine gloire et dépouillez-vous de l'habit de l'arrogance.

Verset: 2.48

O mes frères ! Soyez indulgents les uns pour les autres et ne vous attachez pas aux choses d'ici-bas. Ne soyez pas orgueilleux dans la gloire ni honteux dans l'humiliation. Par ma beauté ! J'ai créé toutes choses de la poussière, et je les renverrai à la poussière.

Verset: 2.49

O enfants de poussière ! Faites connaître aux riches les plaintes nocturnes du pauvre, de crainte que leur insouciance ne les conduise dans le chemin de la destruction et ne les prive de l'arbre de richesse. Donner et se montrer généreux font partie de mes attributs; heureux celui qui se pare de mes vertus.

Verset: 2.50

O quintessence de passion ! Rejetez toute avidité et sachez vous contenter de votre sort; car l'homme avide a toujours été privé de quelque chose, et l'homme satisfait de son sort a toujours été aimé et loué.

Verset: 2.51

O fils de ma servante ! Ne sois pas troublé dans la pauvreté ni confiant dans la richesse, car à la pauvreté succède la richesse, et après la richesse vient la pauvreté. Toutefois, être dénué de tout, hormis de Dieu, est un bienfait merveilleux n'en amoindris pas la valeur car, à la fin, il te rendra riche en Dieu et tu comprendras ainsi la signification de la phrase : « En vérité, vous êtes les pauvres »; et les saintes paroles « Dieu est l'Omnipossédant » surgiront comme le vrai matin, resplendissant glorieusement à l'horizon du coeur de l'amoureux, et tu demeureras en sûreté sur le trône de la richesse.

Verset: 2.52

O enfants de négligence et de passion ! Vous avez laissé mon ennemi entrer dans ma maison et vous en avez chassé mon ami, car vous avez ouvert vos coeurs à l'amour d'un autre que moi. Prêtez l'oreille aux paroles de l'Ami et dirigez-vous vers son paradis. Les amis d'ici-bas, cherchant leur propre avantage, paraissent s'aimer, tandis que l'Ami véritable vous a aimés et vous aime pour vous-mêmes. En vérité, pour vous guider, il a enduré des souffrances innombrables. Ne soyez pas déloyaux envers un tel ami; non, hâtez-vous plutôt vers lui. Tel est le soleil de la parole de vérité et de fidélité qui s'est levé à l'horizon de la plume du Seigneur de tous les noms. Ouvrez vos oreilles afin d'entendre la parole de Dieu, celui qui secourt dans le danger, celui qui existe par Lui-même.

Verset: 2.53

O vous qui tirez vanité des richesses périssables ! Sachez que la richesse est en vérité une puissante barrière entre le chercheur et son Désir, entre l'amoureux et son Bien-Aimé. Les riches, sauf un petit nombre, ne parviendront par aucun moyen à la cour de sa présence et n'entreront point dans la cité du contentement et de la résignation. Donc, heureux est l'homme riche que ses richesses n'écartent pas du royaume éternel et ne privent pas de l'empire impérissable. Par le plus Grand Nom ! La splendeur d'un tel homme illuminera les habitants du ciel comme le soleil éclaire les peuples de la terre.

Verset: 2.54

O vous les riches de la terre ! Les pauvres sont mon dépôt que j'ai placé parmi vous. Veillez sur ce dépôt et ne soyez pas uniquement absorbés par votre bien-être personnel.

Verset: 2.55

O fils de la passion ! Purifie-toi de la souillure des richesses et, dans une paix parfaite, avance vers le royaume de la pauvreté, afin que, à la source du détachement, tu puisses boire à longs traits le vin de la vie éternelle.

Verset: 2.56

O mon fils ! La compagnie des impies accroît la tristesse tandis que l'amitié des justes purifie le coeur de la rouille. Que celui qui désire communier avec Dieu recherche la compagnie de ses aimés, et que celui qui veut écouter la parole de Dieu prête l'oreille aux paroles de ses élus.

Verset: 2.57

O fils de poussière ! Prends garde ! Ne chemine pas avec l'impie et ne recherche pas son amitié, car une telle fréquentation change le rayonnement du coeur en feu de l'enfer.

Verset: 2.58

O fils de ma servante ! Si tu recherches la grâce du Saint-Esprit, cherche l'amitié du juste, car il a bu à la coupe de vie éternelle offerte par l'immortel Echanson et, comme le vrai matin, il vivifie et illumine le coeur des morts.

Verset: 2.59

O vous les négligents ! Ne croyez pas que les secrets des coeurs soient cachés; soyez sûrs au contraire qu'ils sont gravés en caractères explicites et manifestement visibles en la sainte Présence.

Verset: 2.60

O amis ! En vérité, je dis que tout ce que vous avez celé en vos coeurs est pour Nous clair et évident comme le jour; mais que cela soit caché tient à Notre grâce et à Notre bonté, et non à votre mérite.

Verset: 2.61

O fils de l'homme ! Sur les peuples du monde, j'ai laissé tomber une goutte de rosée de l'océan sans fond de ma miséricorde, cependant je n'ai vu personne y recourir; car tous se sont détournés du vin céleste de l'unité pour la lie immonde de l'impureté et, écartant le calice de l'immortelle beauté, ils se sont contentés de la coupe mortelle. Méprisable est ce qui les satisfait.

Verset: 2.62

O fils de poussière ! Ne détourne pas les yeux du vin incomparable de l'immortel Bien-Aimé et ne les ouvre pas sur la lie impure et mortelle. Prends la coupe de vie éternelle des mains de l'Echanson divin pour que toute sagesse soit tienne et que tu puisses écouter la voix mystique qui appelle du royaume de l'invisible. Crie à haute voix : Vous dont les visées sont basses, pourquoi vous êtes-vous détournés de mon vin immortel et sacré pour une eau éphémère ?

Verset: 2.63

O vous, peuples du monde ! Sachez en vérité qu'une calamité imprévue vous poursuit et qu'un châtiment douloureux vous attend. Ne croyez pas que les actes que vous avez commis soient effacés de ma vue. Par ma beauté ! Tous vos actes, ma plume les a gravés en caractères explicites sur des tablettes de chrysolithe.

Verset: 2.64

O oppresseurs de la terre ! Cessez toute tyrannie, car je me suis promis de ne pardonner à l'homme aucune de ses injustices. Ceci est mon alliance que j'ai irrévocablement décrétée dans la Tablette préservée et que j'ai scellée de mon sceau de gloire.

Verset: 2.65

O vous les rebelles ! Mon indulgence vous a enhardis et ma patience vous a rendus négligents à tel point que, éperonnant le fougueux destrier de la passion, vous l'avez dirigé vers les voies dangereuses qui mènent à la destruction. M'avez-vous cru insouciant ou ignorant ?

Verset: 2.66

O émigrants ! La langue est destinée à me mentionner, ne la souillez pas en dénigrant autrui. Si le feu du moi vous domine, souvenez-vous de vos propres fautes et non de celles de mes créatures, attendu que chacun se connaît mieux lui-même qu'il ne connaît les autres.

Verset: 2.67

O enfants de l'imagination ! Sachez en vérité que, tandis que l'aube radieuse se lève à l'horizon de la sainteté éternelle, les secrets diaboliques et les actes accomplis dans les ténèbres de la nuit seront mis à nu et rendus manifestes pour les peuples du monde.

Verset: 2.68

O mauvaise herbe sortie de la poussière ! Comment se fait-il que tu n'aies pas touché en premier lieu ton propre vêtement avec tes mains souillées, et comment peux-tu chercher à communier avec moi et à entrer dans mon royaume sacré, alors que ton coeur est pollué par le désir et la passion ? Que vous êtes loin, bien loin de ce que vous désirez !

Verset: 2.69

O enfants d'Adam ! De saintes paroles, de bonnes et pures actions s'élèvent vers le ciel de la gloire céleste. Faites en sorte que vos actes soient purifiés de la poussière de l'égoïsme et de l'hypocrisie et qu'ils trouvent grâce à la cour de gloire; car bientôt, les examinateurs de l'humanité n'accepteront, en la sainte présence de l'Adoré, que la vertu parfaite et les actes d'une pureté sans tache. Ceci est le soleil de la sagesse et du divin mystère qui a brillé au-dessus de l'horizon de la volonté divine. Bénis sont ceux qui se tournent vers lui.

Verset: 2.70

O fils de frivolité ! Agréable est le royaume de l'existence si tu y parviens; glorieux est le domaine de l'éternité si tu vas au-delà du monde de mortalité; douce est la sainte extase si tu bois au calice mystique que tend l'Adolescent céleste. Si tu parviens à cette condition, tu seras délivré de la destruction et de la mort, du labeur pénible et du péché.

Verset: 2.71

O mes amis ! Souvenez-vous de ce pacte que vous avez conclu avec moi sur le mont Paran, situé dans l'enceinte sanctifiée de Zaman. J'ai pris pour témoins l'assemblée céleste et les habitants de la cité éternelle; pourtant, je ne trouve personne qui, aujourd'hui, soit fidèle à ce pacte. Sans aucun doute, l'orgueil et la rébellion l'ont effacé des coeurs, au point qu'il n'en reste aucune trace. Malgré tout sachant cela, j'attendais et ne l'ai pas révélé.

Verset: 2.72

O mon serviteur ! Tu es comme une épée finement trempée, dissimulée dans l'obscurité de son fourreau et dont l'artisan ne connaît pas la valeur. Sors donc du fourreau de l'égoïsme et du désir, afin que ta valeur puisse resplendir et être évidente pour le monde entier.

Verset: 2.73

O mon ami ! Tu es le soleil des cieux de ma sainteté; ne permets pas que les souillures du monde viennent éclipser ta splendeur. Déchire le voile de la négligence afin d'émerger, resplendissant, des nuages, et de parer toutes choses de l'ornement de vie.

Verset: 2.74

O enfants de vanité ! Vous avez abandonné mon empire impérissable pour une éphémère souveraineté, vous vous êtes parés de la brillante livrée du monde et vous vous en êtes glorifiés. Par ma beauté ! Je vous rassemblerai tous sous le voile unicolore de la poussière et vous enlèverai toutes ces couleurs différentes, sauf à ceux qui choisissent la mienne, et celle-ci est purifiée de toute couleur.

Verset: 2.75

O enfants de négligence ! Ne placez pas vos affections dans une souveraineté périssable et ne vous en réjouissez pas. Vous êtes pareils à l'oiseau imprévoyant qui, plein de confiance, gazouille sur la branche jusqu'au moment où l'oiseleur de la mort l'envoie à la poussière; alors, la mélodie, la forme et la couleur disparaissent sans laisser de trace. Aussi, prenez garde, O esclaves du désir.

Verset: 2.76

O fils de ma servante ! Les directives ont toujours été données par des paroles et, aujourd'hui, elles sont données par des actes. Chacun doit accomplir des actes purs et saints, car les paroles sont le propre de tous tandis que de tels actes sont le fait de nos seuls amis. Efforcez-vous donc, de tout votre coeur et de toute votre âme, de vous distinguer par vos actions. C'est ce que Nous vous conseillons dans cette sainte et resplendissante tablette.

Verset: 2.77

O fils de la justice ! A la nuit, la beauté de l'être immortel se rendit des hauteurs émeraude de la fidélité au Sadratu'l-Muntaha et versa tant de larmes que l'assemblée suprême et les habitants des royaumes célestes gémirent devant ses lamentations. Sur quoi, on lui demanda la raison des pleurs et des gémissements. Il répondit : Selon l'ordre reçu, j'étais dans l'attente sur la colline de fidélité, mais je n'ai pas humé le parfum de fidélité des habitants de la terre. Alors, invité à revenir, je regardais et vis que quelques colombes de sainteté étaient douloureusement meurtries dans les griffes des chiens de la terre. Sur ce, la céleste houri, dévoilée et resplendissante, se précipita hors de sa demeure mystique et demanda leur nom; tous furent donnés sauf un. Sur son insistance, la première lettre en fut prononcée, sur quoi les habitants des célestes retraites s'élancèrent hors de leur demeure de gloire. Et tandis que la seconde lettre était dite, tous sans exception tombèrent dans la poussière. A ce moment, une voix se fit entendre du fond du sanctuaire : « Jusque-là et pas plus loin « En vérité, Nous sommes témoin de ce qu'ils ont fait et de ce qu'ils font encore.

Verset: 2.78

O fils de ma servante ! Au flot du divin mystère, sortant des lèvres du Miséricordieux, abreuve-toi et, à la source de la divine parole, contemple la splendeur sans voile du soleil de sagesse. Dans la terre pure du coeur, sème les graines de ma divine sagesse, et par les eaux de la certitude arrose-les, afin que les jacinthes du savoir et de la sagesse puissent s'élever, fraîches et vertes, de la sainte cité du coeur.

Verset: 2.79

O fils de désir ! Combien de temps planeras-tu dans les domaines du désir ? Je t'ai donné des ailes pour que tu puisses t'envoler vers les royaumes de la sainteté mystique, et non vers les régions de l'imagination diabolique. Je t'ai donné aussi un peigne pour que tu puisses arranger mes boucles noires comme l'ébène, et non pour me lacérer la gorge.

Verset: 2.80

O mes serviteurs ! Vous êtes les arbres de mon jardin; vous devez produire des fruits merveilleux et de bel aspect, dont vous-mêmes et d'autres profiteront. Il appartient donc à chacun d'exercer un métier ou une profession, car c'est là le secret de la richesse, ô hommes d'intelligence. En effet, les résultats dépendent des moyens et la grâce de Dieu vous suffira amplement. Les arbres qui ne donnent pas de fruits ont été et seront toujours bons à mettre au feu.

Verset: 2.81

O mon serviteur ! Les hommes les plus indignes sont ceux qui ne produisent aucun fruit ici-bas. De tels hommes sont vraiment comptés parmi les morts; que dis-je, les morts sont préférables au regard de Dieu à ces âmes paresseuses et sans valeur.

Verset: 2.82

O mon serviteur ! Les hommes les meilleurs sont ceux qui gagnent leur vie dans leur métier et, pour l'amour de Dieu, le seigneur de tous les mondes, dépensent leur argent pour eux-mêmes et pour leurs semblables.

Verset: 2.83

Par la grâce de Dieu et sa divine faveur, la merveilleuse Epouse mystique, cachée jusqu'ici sous le voile de la parole, est maintenant devenue visible comme la lumière éblouissante répandue par la beauté du Bien-Aimé. Je suis témoin, ô amis, que la faveur est parfaite, l'argument accompli, la preuve manifeste et l'évidence établie. Voyons maintenant quels seront les résultats de vos efforts dans le chemin du détachement. Ainsi, la faveur divine a été pleinement accordée à vous mêmes et à ceux qui sont au ciel et sur terre. Toute louange à Dieu, le Seigneur de tous les mondes.

Bahá'u'lláh

Les Paroles Cachées